Mann Ki Pari Ke Ehsaas...

Rrachna Wadhwa

Writer's Pocket

First published by Writer's Pocket in 2023

email: publish@writerspocket.com

cover design by Bimal Kirti

ISBN-13: 978-93-6083-683-2

www.writerspocket.com

Acknowledgement

These poems are my memories written somewhere in an old diary. I acknowledge this book with gratitude to my beloved husband, who encouraged me to publish it and is my inspiration. I dedicate this book to my mother, without whom I would not be who I am today. I owe this book to nature, where I spent the time and got inspired to pen down my thoughts. I am thankful to my friends and teachers who were listening ears and critics to improvise.

CONTENTS

Mann ki Pari ke ehsaas, yeh un ehsaason ke bol hai jo Pari ne apni kavita se darshaya hai. Iski shuruat hoti hai ek sapne se. Itna payara sa sapna tha jisme kavi, jiska naam hain Pari, ki kisi se mulaqat hoti hai khayalon mein..

1. Khayalon mein Mulaqat

Ek din baithe the tanhaiyon mein
Kho kar kisi ki parchaiyon mein
Kitna hassen tha woh nazara
Vaadiyon ke beech dikha pyaar hamara

Barf se dhake hue pahadon mein
Phoolon se saji hui baharon mein
Khol kar khade the woh apni bahon ko
Dil ne chaha apnayein unki panahon ko

Pyaar ki gehraai mein doobi hui unki aankhein
Dekh kar kho gayi hamari neendo bhari raatein
Mann ko behlane wali saari unki baatein
Sun kar socha din aur raat hum bitate

Unke Izhaar ki thi apni hi ek adaa
Ki hum ikraar mein kar na sake mana
Dil ki baazi to woh jeet hi gaye
Chain mera woh saath le bhi gaye

Phir kho gaye woh un pahadon ki panahon mein
Hum dhundte rahe unko har raahon mein
De gaye humein woh tohfa intezaar ka
Jhel raha hai dil dard-e judaai ka

Hawa ke saath pahonchaaya hai paigaam humara
Bas ab toh reh gaya hai umeedon ka sahaara
Pyaar ke is safar ko jaldi milega kinara
Dil unka bhi tadpega milne ko dobara

Baithe honge woh bhi kabhi tanhaiyon mein
Gam judai ka lekar dil ki gehraiyon mein
Humne to behla liya dil ko keh kar ye baat
Khayalon mein hi sahi par hui unse ek chhoti si mulaqat

Pari ne apni is khushi ko barkarar rakha tha ki khayalon mein hi sahi par hui thi unse ek choti si mulaqat. Ab Pari unke khayaalon mein doobi rehti thi ki ek din unki yaad mein Pari ko unki juddai ka ehsaas hota hai aur Pari kehti hai ki waqt jaise tham sa gaya hai…

2. Waqt Jaise…

Waqt jaise tham sa gaya hai
Tum jo itne door chale gaye
Ek pal pehle tum to yahi the
Phir achanak kahaan kho gaye

Yaad aate hain beete hue lamhein
Jo the zindagi ke haseen pal
Ye yaadon ke aise saaye hain
Jo bhulakar bhi bhule jaate nahi

Ajeeb hote hain ye zindagi ke dastoor
Jo kisise mila kar kar dete hain usise door
Aur achanak aa jaata hai woh daur
Jab unki yaad ke siva dikhta nahi kuch aur

Jab bhi yaad karte hain tumko
Tumhaari ek tasvir bankar kehti hain
Hum bhi jee nahi sakte tunhare bina
Phir kyun yeh phasle aur dooriyaan

Ye dooriyon ke badal to hatenge
Aap bhi ek din lautenge
Taaron se bhari hui raaton mein
Phir woh mulaqaton ke pal beetenge

Ab to Pari ke ehsaason ke panne bharne lage aur bahut kuch kehna tha usko…to Pari ne apne nagme sunane ke liye chaand ko bula liya aur dekhein ab chaand kya kehta hai…

3. Dil ne kaha

Dil ne kaha ke aaj kuch likhu
Jo kehna hai woh keh du
Bula liya chand ko bhi apne paas
Aur taaro ko bhi saath le liya

Sab ke aane se saj gai mehfil
Par phir bhi kami thi unke bin
Phir chaand ko dekhkar kiya unko yaad
Isse badkar hum kya karte unki baat

Chaand ye sunkar sharma sa gaya
Aur badlo ke peeche chala gaya
Humne to bahut unko manaya
Par woh bhi chandni ke kehne par aaya

Aakar mujhse pyaar se bola
Judaai tumhari jald hi door hogi
Tumhari tumhare chand se mulaqat hogi
Pyaar bhari do chaar baatein bhi hogi

Baaton Baaton mein waqt guzrega
Waqt guzrega toh raat hogi
Raat mein phir judai ki baat hogi
Mujhe dekh kar phir tanhai bhari raat hogi

Chaand ne toh keh diya ki judaai jald hi katam hogi aur tumhari unse mulaqat bhi hogi. Chaand ki baat to sach ho gayi ab dekhte hain ki Pari ki mulaqat unse kaise hoti hai…

4. Woh Mulaqat

Dil hi dil mein ek baat ho gayi
Chupke se unse mulaqat ho gayi
Chahte to the hum dono kuch kehna
Par baaton baaton mein barsaat ho gayi

Jab rim jhim barasne lagi boonde
Dil bhi laga zoro se machalne
Kyon ki badal lage the garajne
Aur bijli bhi lagi thi chamakne

Dekh kar yeh khoobsurat nazara
Beet gaya woh haseen pal hamara
Us pal mein na toh kuch baat hui
Bas boondon se bhari barsaatein hui

Phir naino se mil gaye unke nain
Jo kho gaye itni gehrai mein
Aur kehna tha woh sab kuch keh diya
Naino ne aapas me sab samaj liya

Boondo ne barasna band kar diya
Woh pyaar bhara pal beet gaya
Jaise hi hamari mulaqat khatam hui
Alvida kehte hi meri neend khul gayi

Jaise hi alvida kehte hi Pari ki neend khulti hai, Pari ko apni ek chulbuli si dost yaad aati hai kyon ki itni saari baatein usse bhi to batani hai jo Pari ke bahut se raaz jaanti hai..

5. Chulbuli si ek dost humaari..

Thodi si alag thodi si pyaari
Natkhat si hai yeh dost hamari
Sunapan tha dono ke mann par bhari
Par dosti ne door ki tanhai hamari

Saath haste aur ek dusre ko hasate
Din aur raat baaton mein bitate
Kabhi ghumte kabhi tahalkar aate
Roz maa se daat bhi hum khate

Kabhi chat kabhi vade pakode
Khane ke shaukeen hum dono hi bade
Kayi mausam aaye aur badalte rahe
Par hum dono saath chalte hi rahe

Ghumte ghumte mandir bhi jaate
Har shaniwaar duayein hum maangte
Rab salamat rakhe dosti ke dhaage
Aur Jeevan mein khushiyon ki saugaate

Aisi beshumaar dost maine jo hai paayi
Aisa lagta hai jaise bahaare hain saj aayi
Anokhee, pyaari, natkhat, dulaari
Chulbuli si hai yeh dost hamari

Doston ki toh baat hi nirali hoti hain, doston ke saath waqt ka pata hi nahi chalta hai, baaton baaton mein dost ne ek sawal kiya. Dost ka sawal toh tha bada mushkil kyun ki dost jaana chahti thi ki Pyaar kya hota hai? Pari toh aise soch mein pad gai aur saare jawaabo ko jodkar Pari ne sunayi dost ko yeh panktiyan...

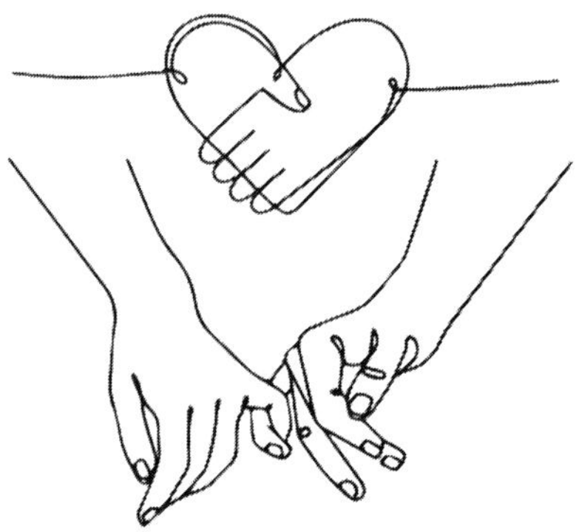

6. Pyaar kya hota hai?

Ek baat jo hum aksar socha karte hain
Uske raaz ko hum aksar dhoondha karte hain
Par un sawalon ke jawab humein mil nahi paaye
Us raaz ki baat ko hum dhoond nahi paaye

Sawal ye tha ki pyaar kya hota hai
Pyaar kab aur kyun hota hai
Mil gaya jawab humein bhi us din
Jab kaatne lagi raatein tare gin gin

Pyaar ek pyara sa nagma hota hai
Sundar madhur lamho se woh shuru hota hai
Aankhein doobti hain gehraiyon mein
Aur dil milte hain tanhaiyon mein

Pyaar khushi se jeena sikhata hai
Intezaar ke palon ko sehna bhi sikhata hai
Doori maana ki ek majboori hoti hai
Par doori se pyaar ki dor pakki hoti hai

Pyaar ek ehsaas hai
Pyaar ek vishwas hai
Pyaar ek safar hai
Pyaar humesha se hi amar hai!

Pari ne apni chulbuli dost ko toh jawab de diya, par ab woh saari pyaar ke vishay mein ki hui baaton ka ehsaas Pari ko hone laga tha, kyun ki Pari ko bhi pyaar hone laga tha. Aage dekhte hain Pari ko apne pehle pyaar ka ehsaas kaise hua…

7. Pehla Pyaar

Suno humare Jeevan ka ek pehlu
Jab humko bhi kisi se pyaar ho gaya
Kabhi na chaha tha dil ne phir bhi
Usi dil ko kisi ka deedar ho gaya

Karte hain jise dilo jaan se pyaar hum
Keh na paaye unhe ye baat hum
Dil hi dil mein unhe pyaar karte rahein
Mann hai mann mein unka deedar karte rahein

Khwabo me hi sahi par mulaqat bhi hui
Khayalo me hi sahi do chaar baatein bhi hui
Unke ehsaas ke saayein mein hi
Is dil ki dhadkano mein unki jagah ban gayi

Mohabbat ke lamho se bhari woh raatein
Dil ko lubhane wali saari unki baatein
Baaton batoon mein hone wali saari shararatein
Yaad aati hai hume woh boondo bhari barsatein

Saath guzarnewale woh saare haseen lamhe
Yaad rahega woh pal beshak humein
Dil ne chaha to ek din keh denge unhe
Pehla pyaar ka paigaam pahuncha denge unhe

Pari ke dil ka haal toh tha bahut hi bura. Pari ke khayalon mein tha sawalon ka silsila. In silsilon mein ek sawal tha bada gehra aur woh tha 'Jaane kyun?'

8. Jaane kyun?

Jaane kyun kabhi zindagi mein aa jaata hai koi
Aate hi apni jagah bana jaata hai koi
Keh nahi paate kuch bhi magar
Bina kahe sab kuch keh jaata hai koi

Zindagi se bhi hone lagta hai itna pyaar
Jeevan mein aa jaati hai kuch aisi bahar
Judne lagte hain dil ke aise taar
Saare jahan se acha lagta hai apna pyaar

Unki ek jhalak se milti hai khushiyan beshumaar
Unke saath rehne se aata hai dil ko karaar
Bechain kar deti hai dooriyan unki
Seh nahi paata dil judaai unki

Mitha sa dard hota hai woh lekin
Us dard mein kat-ti hai raatein tare gin gin
Dil toh chahta hai neend jaldi se aa jaaye
Khwaabo mein hi sahi unse mulakaat ho jaaye

Ajeeb si harkatein karne ko dil chahta hai
Bachpan aur pagalpan ka jaadu chha jaata hai
Kuch bhi ho lekin yeh daur kuch aisa hota hai
Jo zindagi bhar ki khushiyan kuch palon mein de jaata hai

Kya aap sab ko bhi aisa sawal kabhi hua tha? Kya in saare ehsaason ka anubhav aapne bhi kiya tha? Pari toh bahut bekaraar hai apni dil ki baat kehne ke liye apne pyaar ko, par intezaar hai ek mauke ki talaash ka. Usi beech Pari ki hoti hai kisi se mulaqat. Dekhte hain Pari kis ko sunati hai apne raaz…

9. Tanhai se Mulaqat

Waqt bitate hain nagmo ke saath
Waqt bitate hain shikwon ka saath
Waqt bitate hain apno ke saath
Par kabhi kabhi waqt bitate hain hum tanhai ke saath

Tanhai ka hota hai woh pal
Jiska nahi hota koi mausam
Aa jaata hai woh dene mera saath
Jab mann mein hoti hai kuch baat

Keh dete hain sab kuch tanhai se
Nikalta hai jo sab dil ki gehraiyon se
Keh nahi paate jo kisi se bhi woh baat
Khul kar keh dete hain jab hota hai tanhai ka saath

Woh bhi samajh jaate hain dil ke Jazbaat
Keh dete hain humko hamare hi raaz
Suna jaate hain kisse un barsaaton ke
Jab machalta hai dil armaano se

Chupke se keh jaate hain woh aisi baat
Suljha rahe the jise hum din aur raat
Aati hai phir woh aansu se bhari muskurahat
Samajh nahi paate khushi ya gum ki thi woh aahat

Hamari paheliyan to sulajh jaati hai
Jab bhi mulaqat tanhai se hoti hai
Tum bhi keh kar dekho apni saari baat
Aur kar ke dekho ek mulaqat tanhai ke saath

Kya aapne bhi ki hai kabhi tanhaiyon se mulaqat? Pari ne toh keh di woh saari baatein tanhai se jo woh kisi se keh nahi paati. Aur tanhai ne Pari ki paheliyan suljha di hai. Kaunsi peheli sulajh gayi? Kya Pari ne apne pehle pyaar ke baare mein bataya tanhai ko? Tanhai ne zaroor Pari ke dil ke haal ko samjha hoga aur kaha hoga apne pyaar ko bata do apni dil ki baat. Pari kaise kahegi apni dil ki baat? Kya Pari keh paaegi apne dil ka haal? Kya Pari pahuncha payegi apne pehle pyaar ko apne pyaar ka paigham?

10. Dil ki Baat

Dil se kahi hui baat hai yeh
Dil ko choo jaaega woh raaz hai yeh
Unse milne ke baad ka ehsaas hai yeh
Kisi ko na dikhai dene wala pyaar hai yeh

Mohabbat karne wale premiyon ko dekha
Pyaar me doob jaane wale aashiqon ko dekha
Apne iss ehsaas ko koi naam na de paaye
Unke andaz ko toh aaj tak hum samajh na paaye

Unki har adaayein aankhon ko lubhati hai
Unki aankhon ki masti mauj karati hai
Unki har aahat hulchul machati hai
Unke saath se mehfil saj jaati hai

Unse khafa hone ki humari hai adaa
Woh bhi manane ke liye kar dete hain sab fida
Ek hasrat hai hume bhi unko manane ki
Lekin woh kabhi karte nahi galti khafa hone ki

Unke milne se ho gaya zindagi se pyaar
Isliye logon ko kehte hain hum baar baar
Jiyo zindagi tum bhi khush ho kar yaar
Dil lagane ki galti tum bhi kar lo sarkar

Ahaa! Pari ne apni dil ki baat apne pyaar, jiska naam hai 'Mann' se keh di! Kya aapne kabhi apni dil ki baat apne pyaar se kahi thi? Aapke pyaar ko kaise kahe the apne dil ke ehsaas? Kya tha aapke dil ka haal jab tha woh pyaar mein? Pari ka tha kuch aisa haal pyaar mein…

11. Pyaar Mein…

Kya hota hai dil ka haal
Jab hota hai dil pyaar mein
Yeh toh bata paaega wahi
Jo doobta hai gehrai mein

Pyaar toh kar lete hain
Uska matlab nahi samajh paate
Mulaqat toh kar lete hain
Par judai nahi seh paate

Uss pal bhar mein bhi khushi mil jaati hai
Par intezaar ki ghadi kaate nahi kat-ti hai
Na milne par bhi baatein ho jaati hai
Aur milne par bhi jubaan ruk si jaati hai

Har mausam suhana lagta hai
Par waqt humare daire mein nahi rehta
Le jaata hai woh humein itni door
Laut kar jahan se koi nahi aata

Mithi mithi baaton se waqt guzarta hai
Par chhoti chhoti takraro se pyaar badhta hai
Jo humein dikhai nahin deta
Arre yaaro wohi to pyaar hota hai!

Pari ne keh toh di apni dil ki baat apne mann se aur apna haal bhi bata diya jab hota hai dil pyaar mein. Par ab Pari ko apne pyaar se sunna tha, kya woh bhi yeh sab mehsoos karte hain aur kya woh Pari se wada karte hain saath nibhane ka? Kaise kaha yeh sab Pari ne apne pyaar se?

12. Kya Aap?

Dil mein basna chahte hain dhadkan ban kar
Aakhon mein basna chahte hain sapna ban kar
Aap Ke sanam banna chahte hain aye dilbar
Dilo jaan se chahna chahte hain umar bhar

Aapsa hai na koi na koi hoga
Aapsa koi pyaar na koi karta aur na karega
Humne toh aap ko dil ki aankhon se parkha hain
Par aapne toh mujhe khud se bhi pehle samjha hai

Agar hum ruswa honge toh kya aap manaoge
Agar hum ro pade toh kya aap hasaoge
Kya yuhin umar bhar pyaar humein doge
Chahe gham ho ya khushi kya aap saath rahoge

Humne to likh di zindagi aapke naam
Har janam mein aap hi honge hamare sanam
Ab ae janaab batayein aapka kya hai irada?
Kya nibhaoge har janam saath nibhane ka wada?

Pari ne apne mann se kar diya itne saare sawaal, ab toh mann aisi soch mein pad gaye ki kaise in sab ka jawab denge, par mann ke pyaar ki bhi thi apni hi adaa ki unhone bhi kar diya bayaan apne dil ka tha joh haal. Suniye kaise kahi unhone apne jazbaat…

13. Rab ne bana di Jodi humaari..

Aa gaye jo tum humari zindagi mein
Tumhara shukriya hum karte hain
Aapke pyaar ke aage koi tohfa toh nahi
Par sarakhon par bithane ki kshamta hum rakhte hain

Khwaaish hai jo aap ki voh humaari tamanna hai
Khwaab hai jo aap ke woh hamara lakshya hai
Mil kar pura karenge woh saari aashayein
Paar karenge mushkilon se bhari dharayein

Pyaar se bhara hoga woh aashiyana humara
Phoolon se saja hoga woh gulistaan humara
Kadve mithe palon se guzrenge saare mausam
Bitaenge zindagi ke safar ko haste hue har dam

Rab ne bana di hai jo jodi humari
Likhi hai khud unhone hamari kahani
Rahega joh saath humara humesha
Puri kar denge hum rab ki bhi abhilasha

Kaisa laga aapko yeh pyaar ka izhaar? Kaise lagi unki pyaar bhari abhilasha? Pari ka tha haal ab kya bataein, unki aakhein khushi se bhari hui ashru se baras rahi thi. Pari ka mann bhar aaya tha aur dil se unka shukriya karna chahti hai…

14. Shukriya...

Shukriya adaa karte hain aapka
Achcha laga hume aapka nazraana
Door hi sahi aapka aashiyaana
Par aap ke tohfe ne layi hain najdikiya

Uphaar dene ka andaaz tha pyaara
Kyu pyaar hume karte hain itna saara
Zindagi ko khubsurat banaya aap ki mohabbat ne
Hume hasna sikhaya aapke pyaar ne

Shukriya hume itna pyaar dene ke liye
Shukriya humse mohabbat karne ke liye
Shukriya hume Jeevan saathi banana ke liye
Aur shukriya hume nai zindagi dene ke liye

Shukriya toh kar diya, par ab toh shuru hua hai pyaar ka kaarwaan. Pyaar bahut kuch sikhata hai, woh khushi toh deta hai par dard ka ehsaas bhi kartata hai. Yeh mitha sa dard kaisa hota hai? Yeh Pari ke dil ke dard ki daastaan kya hai?

15. Dil ke dard…

Kehta hai dil mujhse ye baar baar
Ho raha hai dard usko beshumaar
Kar raha hai woh kisika intezaar
Bepanah karta hai woh jisse pyaar

Puri ho gayi joh aarzoo hai woh
Saare jahaan se pyaare dildaar hai woh
Pyaar se bhi pyaare yaar hai woh
Rab ne bheja hua ek farishta hai woh

Jiska intezaar tha yeh wahi hai
Jiski khatir jeene hum lage hai
Aur to sajne sawarne bhi hum lage hai
Kabhi haste haste rone bhi lage hai

Har aahat par nazre unhe dhoondti hai
Har tasveer mein surat unki khojte hai
Jin raahon se kabhi woh gujarte nahi
Un raahon par bhi hum unka intezaar karte hai

Dil ka dard dur hoga us din
Milenge hum aur tum jis din
Mann aur Pari ka milan hoga toh
Chaand aur taaron ki sajegi mehfil woh din

Is dard ko batane ke liye, Pari ko bahut kuch kehna tha apne pyaar ko, par shayad ek hichak si thi. Yeh dil ke raaz ki baatein hain jo Pari kehna chahti hai aur badi mushkil se woh aise kehti hai apne dil ke raaz…

16. Dil ke Raaz

Kehna chahte hain kuch
Par lafz nahi milte
Milna to chahte hain
Par ashq nahi milte

Intezaar rehta hai kyun
Har shaam aapka
Nazaane kab aayega
Woh pyaar bhara paigam aapka

Aapki saadgi ke deewane hai hum
Aapke andaaz se anjane hai hum
Dil ki gehrai se dekha hai humne
Aapki khubsurti ko parkha hai humne

Milte hai bahut log zindagi mein
Bichad bhi jaate hai woh safar mein
Aapsa na mila hai na milega koi
Aapke alaava na banega humsafar koi

Dil ki baat zubaan par aa hi gayi
Lafzon ko jod kar woh sab keh gayi
Humne toh khol diya humare dil ke raaz
Ab aye humsafar sunna chahenge aapke jazbaat

Jaise hi apne dil ke raaz khol diye Pari ne, Mann bhi kahaan chup rehta. Pari ne unse apne jazbaat ki daastaan sunane kaha tha. Par woh toh Pari ki tareef hi karte nahi thakte. Dekhein ab woh kya kehte hain Pari ko apne andaaz mein…

17. Jaan se bhi pyari Jaan

Jee rahe the tanha apni zindagi mein
Na jaane ab tanhai kaha kho si gayi
Intezaar kar rahe the jiska apni zindagi mein
Achanak se hi unse mulaqat ho gayi

Jaan se pyaari jaan hai woh humaare
Kismat se mili pehchan hai hamare
Pura hua Zindagi ka ek armaan hai humare
Zindagi bhar saath chalne wale saathi hai humare

Unke pyaar ki koi seema nahi hai
Aur dil ki sachai ki koi tulna nahi hai
Aaine ki tarah sacha hai unka mann
Zindagi kardi humaari khushiyon se roshan

Dil se shukriya karte hain aapka
Umeed hai aise hi rahoge tum sadaa
Yaado ko kabhi bichadne na dena
Humare pyaar ka chiraag humesha jalaye rakhna

Tum bahut khas ho zindagi mein mere liye
Rab ka ek ehsaas ho tum mere liye
Pyaar ki ek misaal ho sabke liye
Jaan se bhi pyaari jaan ho tum mere liye

Pari toh apne hosh mein hi nahi rahi, yeh sunte hi Pari toh khushi se baawri ho gayi. Woh apne hi khayalon mein aise kho gayi aur sochne lagi iss daur ki zindagi ke bare mein. Yeh haseen palon ki zindagi ki baatein jab chahat mein hoti hai, zindagi woh kuch iss tarah se kehti hai…

18. Chaahat mein zindagi

Mushkil tha jeena hamara tanha
Zindagi ka safar lagta tha adhoora
Intezaar rehta tha jaane kiska
Kisi baat ki mili ho saza jaisa

Lekin ek din koi apna sa laga
Intezaar tha jiska shayad woh aa gaya
Lekar aaya saath khushi saari zindagi ki
Dur ki har aarzoo usne yeh dil ki

Chahte hain dilo jaan se unhe
Pyaar se bhar di jisne zindagi humaari
Bitate hain har shaam unke intezaar mein
Jab doob jaate hain unke ehsaas ki gehrai mein

Raat mein chandni jaise chand se sharmati hai
Aur chand baadalo ke beech deedar karta hai
Hum bhi unse kuch keh nahi paate hain
Par woh har andaaz mein pyaar ka izhaar karte hain

Bepanah hum bhi karte hain pyaar unse
Bhar denge zindagi unki khushiyon se
Bitana chahenge zindagi ke pal kuch is tarah
Swarg se bhi sunder ho Jeevan saara

Pari apne khayalon se bahaar aayi toh samajh aaya ki uska Mann toh thoda dur hai, unke milan mein abhi thodi deri hai. Jald hi hoga unka milan par abhi to doori hai…

19. Doori...

Tum jab door jaate ho
Tab kami ka ehsaas dilate ho
Paas rehte ho to keh nahi paate
Door jaate ho to reh nahi paate

Kya samjhu isse mein apni deewangi
Jo bandh deti hai aisi zanjeer
Chhutna hai jisse mushkil
Kyun ki maan chuke hain use manzil

Manzil ko paana hota hai door
Lekin woh kar dete hain majboor
Yeh hai saara yaadon ka kasoor
Kyun ki woh chale gaye bahut door

Doori ka ehsaas unko bhi hoga
Kyun Ki dil unka bhi machla hoga
Agar hum hai ek kinare ki taraf
To ek kinara unki taraf bhi hoga

Kya yeh doori ka ehsaas unko bhi hoga? Haan, zaroor hoga kyun ki ek kinara unki taraf bhi hoga. Woh bhi jhel rahe hain judaai ke pal aur baithe honge intezaar mein. Chalo ab sunte hain Mann ki bhi kahani, kaise jhel rahe hain woh pal intezaar ke…

20. Intezaar

Yeh pal jo hai intezaar ke
Kaate nahi kat rahe hain
yeh lamhe bahaar ke

Bheed mein bhi akele hain hum
Judai ka hai yeh saara gham
Tanha khud ko hone nahi dete
Unki yaadon ke saaye ko khone nahi dete

Baithe rehte hain unke khayalon mein
Dhoondte rehte hain unko har raahon mein
Unki ek jhalak ki khaatir
Hawaaon mein bhi unki surat banate hain

Beete hue lamhe yaad kar lete hain
Unse aksar fariyaad kar lete hain
Jald milne ka wada jo kiya tha
Un wadon ko yaad karva diya karte hain

Bas ab intezaar hai uss ghadi ka
Milan hoga jab Mann aur Pari ka
Pawan ki jhokein ki tarah aayenge woh
Aur phir shuru hoga kaarvaan intezaar ka

Doori aur intezaar ki ghadi ko hona tha pura aur milan ke pal ka tha jald hi aana. Haan, aa gayi woh ghadi jab milenge Mann aur Pari. Kya hai Pari ka haal unke milne ke baad…

21. Unke milne ke baad

Ek aam si zindagi jiye jaa rahe the
Na Jaane kiska intezaar kiye jaa rahe hain
Bhari hui mehfil mein bhi
Khud ko tanha sa mehsus kiya ja rahe hain

Achanak na jaane kaise aa gaya woh daur
Zindagi le jaa rahi thi mujhe kahin aur
Suna sa hai dil mera akela
Koi aa gaya usme zamane apna dhera

Nahi dete hum panah unhe apne dil mein
Lekin ghayal hum bhi the unke pyaar mein
Dil ka sunapan toh dur ho gaya
Par dil ka dhadakna zoron se shuru ho gaya

Rehte the akele hum apni tanhaiyon ke saath
Kehte the unse saare apne jazbaat
Ab bitate hain waqt kisi aur ke saath
Khul Kar kehte hain unse saari dil ki baat

Jeevan ke maadhuryon koh samajhne hum lage hain
Aisa lagta hai zindagi hum jeene lage hain
Intezaar ab toh hai us haseen pal ka
Jab saath phero aur vachano se
Milan hoga do Mann aur Pari ka

Unke milne ke baad kuch aisa haal tha Pari ka ki zindagi woh jeene lage the, par zindagi itni aasan aur phoolon ki chaadar toh nahi hoti kyun ki aate hain kuch daur aise bhi zindagi mein jab woh dard ka ehsaas bhi laati hai. Kabhi kabhi yeh dard bahut zaroori hota hai kyun ki woh bahut kuch sikhati hai. Pari ne apne dard mein kya sikha?

22. Dard Kya hai?

Yeh dard kya hai?
Yeh toh wahi jaane
Jo jaane kya hoti hai Jawaani
Jiski ho mohabbat ki kahani

Woh dard jo thoda tadpata hai
Judai ke gham mein rulata hai
Woh dard mitha sa ehsaas dilata hai
Woh us rishte ki ahmiyat samjhata hai

Phir woh dard tadpa kar milata bhi hai
Rula Kar phir woh hasata bhi hai
Dard hi muskurana sikhata hai
Dard hi toh jeena aur marna sikhata hai

Har mausam ki raahon mein dard aata hai
Har pyaar karne wale ko tarsaata hai
Khoobsurat ehsaas dila kar raaton ko jagata hai
Lekin dard hi toh pyaar karna sikhata hai

Pari ne toh sahi kaha hai ki dard hi pyaar karna sikhata hai, par yeh dard Pari ko aur bhi kuch sikha kar gaya. Ab yeh dard thoda gehra tha kyun ki ho gayi ek choti si gustakhi Pari se aur Pari ne yeh sikh liya ki gusthaki hain toh maafi toh maangni padegi. Dekhte hain Pari ne kaise maangi maafi…

23. Gustakhi Maaf...

Pyaar mein kabhi kabhi ho jaati hai nadaniyaan
Kar deta hai bechara dil aisi gusthakiyan
De kar unhe tohfa narazgi ka
Tadapta hai dil saare din aur ratiyan

Betaab ho uthta hai yeh tanha mann
Bechain kar deta hai judai ka mausam
Unko na dekhe toh dil na reh paaye
Soche kab unke kandho par so jaaye

Unse apne dil ki baat keh paaye
Saare jazbaaton ko khul kar batayein
Apni choti si gustakhi par
Haath jod kar maafi hum maang paaye

Keh denge unse ye pate ki baat
Narazgi to degi kuch palon ka saath
Hum toh rahenge jeevan bhar pakde unka haath
Pyaar se bhara hoga har pal hamara saath

Dil ke sabse qareeb hai woh hamare
Duniya mein sabse ajeez hai woh humaare
Naraaz ho kar bhi lagte hain sabse pyaare
Bhala hai koi aap jaise hamare dulhare?

Kitna mitha hai yeh maafi ka nagma. Unka Mann toh zaroor pighla hoga aur lipat kar milne ka mann to kiya hoga. Dono ne bahut kuch sikha hoga iss dard bhare ehsaaso se. Pari ka mann kiya ki jaa baithe samundar ke kinare aur jootayein woh saare ehsaas jo sikhe the iss dard ke saath. Samundar ki lehron ko bhi tha kuch kehna, toh aao sune unke bhi ehsaas…

24. Samundar ki Lehre

Samundar ki woh lehrein
Janne humse kya keh rahi thi
Jo kuch kehna tha usko
Isharo me wo samjha rahi thi

Umeedon se bhari wo lehrein
Aage badti hi jaa rahi thi
Jaane kya maqsad tha uska
Bas badte hi jaa rahi thi

Un kasht se bhari raaho mein bhi
Wo mauj aur masti me jhume jaa rahi thi
Takra gayi woh phir un patharon se
Laga jaise toot kar woh bikhar si gayi

Un bikhri lehron ka woh naya rukh
Ek saath joot ho kar seemat se gaye
Aur aage badhte hi wo phir ek ho gaye
Ye dekh kar maano jaise samajh tha aaya

Lehron ne isharon mein tha humko ye samajhaya
Zindagi mein aaye gehre samundar jaise ghamo ka saya
Un chattano se bikhar kar jo seemat sa gaya
To ghamo ki mushkilon me sukoon hai paaya

Samundar ki lehron ki baat toh ab samajh aa gai thi Pari ko, par dil ab bhi thoda udaas tha. Pari phir baith gai apni tanhaai ke saath, phir kar li tanhaai se mulaqat. Tanhai se keh diya dil ke saare jazbaat…

25. Kabhi kabhi tanhai

Kabhi kabhi tanhai mehsoos karte hain
Aisa lagta hai aapki judai mehsoos karte hain
Dil dard se tadapne lagta hai
Jab bhi woh yaad aapko karta hai

Aankhein dekhti hai raasta aapka
Ki kahin se aa jaaye paigham aapka
Aap to nahi aate humare paas
Isliye paigham ko maante hain hum khas

Inhi me judi hai yaadein humari
Isliye dard bhi lagta hai mitha paani
Pi lete hain isse yeh soch kar
Aakhir yehi toh hai aap ki nishani

Dard ki yeh thi hamari choti si kahani
Bana diya isne humko prem deewani
Jaante hain aap ka dil bhi jhel raha yeh pareshaani
Kya karein! dono ne milkar dhoondi thi yeh zindagaani

Tanhai se keh di apne dard ki chhoti si kahani. Ab toh Pari ka dil thoda halka ho gaya tha aur mann mein ek umang si jaag rahi thi. Pari ke mann mein unse milne ki tamanna si hui aur kho gayi apne khayalon mein yeh soch kar ki jab woh saamne honge toh…

26. Jab woh saamne honge

Mann yeh aaj udaas kyun hai
Na jaane isse kisi ke aane ki aas kyun hai
Yeh udaasi ka apna hi ek maza hai
Woh pyara ehsaas hi dil ko harshata hai

Kya hoga jab woh saamne honge
Dil bhar ke jab unhe hum dekhenge
Woh sama hi kuch aur hoga
Jab barsaat ka bhi aane ka mann hoga

Bheege bheege aise mausam mein
Jab chai ki chuskiyan saath hum lenge
Phir takrayegi yeh aankhon ki nazdikiyan
Door karengi woh dard bhari dil ki siskiyaan

Kuch der hi sahi par hum saath honge
Zindagi ke khoobsurat palon ke ehsaas honge
Aakhir zindagi ka dastoor hi yahi hai
Milan ke baad phir milne ki aas jaagti hai

Jab woh saamne honge ke khayal se hi Pari ka mann harshata hua machalne lagta hai aur issi umang mein Pari kehti hai ki ab jaagi hai mann mein hauslon ki bauchar aur usi umeed mein ho chuki hai ek raah ki pehal…

27. Pehal

Zindagi mein mila hai mauka phir ek baar
Chhod di thi jiski umeed hoke mann se lachaar
Aaya hai hausla mann me phir ek baar
Umeedo se chha gayi hai dil ki bahaar

Kal jo samudar uljha sa lagta tha
Aaj wohi samudar prerna sa lagta hai
Samundar ki lehrein chattano si lagti thi
Aaj woh lehrein meri kashti ki raah si lagti hai

Waqt nahi lagta waqt beetne mein
Woh waqt bhi gaya ek intezaar mein
Mann me vishwas ka ehsaas sa aaya
Mera sapna pura hone ka sandesha tha aaya

Pehal ho chuki hai mere hauslon ki
Pehal ho chuki hai meri umeedon ki
Kyun ki is jism me jaan abhi baaki hai
Safalta ka panna abhi khulna baaki hai

Safalta aur umeedon ke beech Pari jaati hai apne mann ko behlene. Apni is nayi umang ki mauj mein doobne ke liye Pari jaa baithti hai jheel ke kinaare aur ab dekhte hain ki Pari ko yeh sama kaisa lagta hai…

28. Jheel ke Kinare

Jheel ke kinare pakshiyon ke beech
Khula tha aasma ghani thi jhadiyaan
Le kar garam garam chai ki chuskiyaan
Shuru kiya likhna humne apna nagma

Rokna chaha humne jaate hue samay ko
Chhoona chaha humne un lehron ko
Lehron ka paani tha apni hi mauj mein
Dekhte hi dekhte hum aa gaye uski chapet mein

Aakhein bhi na hata paaye hum uss nazare se
Kho gaye hum apne hi khayalon mein
Yaad kiya un kisso bhari raaton ka
Mast aur maujon se bhari barsaaton ka

Un yaadon ka bhi apna ek maza tha
Dil mein chahat ka ek nasha tha
Jaanemann ke bina shama adhoora sa laga
Par khayalon mein unka saath poora sa laga

Jheel ke kinare Pari ko aa jaati hai Mann ki yaad aur ho jaati hai khayalon mein hi unse mulaqat. Pari ne apne mann ko mana liya tha, uss shama ki mauj mein Pari ke mann mein aata hai ki woh dekhe ek sapna. Toh ab dekhna yeh hai ki kaise pura karegi woh apna yeh sapna…

29. Mann me aaya chalo dekhe ek sapna

Mann mein aaya ki chalo dekhe ek sapna
Lag gaye hum saari khwahishon ko sametna
Aashaon ka jaise khul gaya ho khazana
Kya samete aur kya chhode ye tha mann ko samjhana

Mann to bechain ho gaya hokar bawra
Apne hi bune sapno mein doob kar ho gaya lachaar
Kehte hain mann kitni hassen hai ye duniya sapno ki
Kitni pyaari lagti hai ye khwaishein ummedon ki

Le dooba mujhe bhi uss mann ke samunder mein
Mann ne kaha suno kya keh rahi hai ye lehrein
Chattano se chir kar aayi hoon sukoon hai paane
Sangharsh nahi chakha woh khushali kya jaane

Nadaan mann ye mera tu ab samaj jaa re
Zindagi ke rangeen sapne tu dekhta jaa re
Mil kar karenge hum har mushkil ka saamna
Saath hai tera to puri hogi har manokamna

Zindagi ke haseen sapne to dekte rehna chahiye aur usse pura karne ke liye hausle bhi buland rakhne chahiye. Sangharsh se peeche na hatne ki jo thanoge, sapna pura kar paaoge. Saath hoga jab humsafar ka toh zindagi ke safar haste hue kaat paaoge. Zindagi se yaad aaya, ek aakhri nagma jo Pari ne sunaya, isse Pari ne humein hai kuch samjhaya. Bade bechain hokar ek din puchha zindagi ne zindagi se…

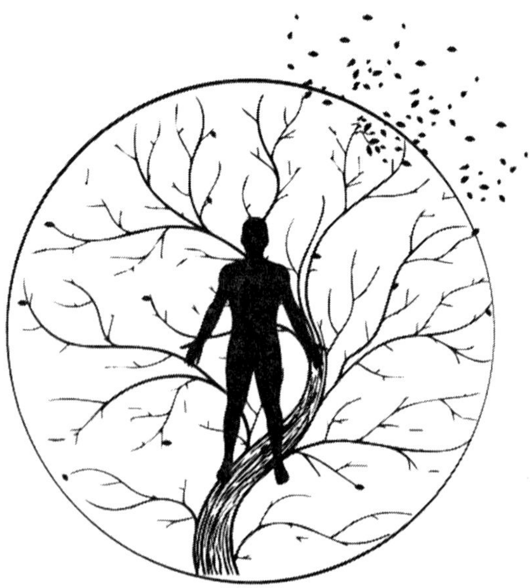

30. Ek din puchha zindagi ne zindagi se

Ek din puchha zindagi ne zindagi se
Kyun hota hai humesha zindagi ke saath
Hote hain jab bure kissi ke halat
Dete hain ilzaam zindagi ko har baar

Ek hi zindagi mein aate hain aise daur
Jo kabhi rulati hai hasaate hasaate
Kabhi hasaati hai rulate rulate
Aur aansu bhi aa jaaate hain muskurate hue

Zindagi ka maza to tab aata hai
Jab zindagi ke chakravyuh mein
Insaan phans sa jaata hai
Aur zindagi asal me jeene lagta hai

Ye chakravyuh hai uss mayajaal ka
Jisse chhutne ka ek hi hai raasta
Jo shuru hota hai aise mukaam par
Jab zindagi hoti hai moksha ke dwar par

Aashaon aur tamannao se bhar jaata hai zindagi ka gaddha
Jab hota hai insaan chakravyuh me khada
Puri ho jaati hai jab uski manokamna
Rach jaati hai fir nayi ek kaamna

Yehi hai maza zindagi ka yaaro
Sadiyon se chala aa raha yeh dastoor yaaro
Badal na sakta na badlega koi

Zindagi ki raah par har koi chalega yuhin

Has kar jee lo ya jee kar has lo
Gham ke aandhiyon se har koi gheerega yuhin
Khojte jao apni rahoo ko yuhin
Zindagi jeena mushkil hai par namumkin nahi

Alvida

Chalo ab to aa gayi yeh kehne ki baari
Samet ke rakhna umeedon ko saari
Lete hain vida iss alvida ke saath
Phir jald hi milenge naye nagmo se saath…

About The Author

Rrachna is from Mumbai and is currently residing in Singapore. She has completed MCom, MBA, MA(Edu), BEd and BCom and currently pursuing her Doctorate in Business Administration & Life Coach certification. Rrachna aspires to be a Researcher, Life coach and Facilitator to nurture & transform people's lives and work on their overall well-being. She is a passionate poet who has been expressing her ideas via poetry since her college days. She enjoys spending time in nature, exploring new places, and making memories.

Writer's Pocket

Writer's Pocket is a publication house established in 2016. We began with the aim of providing a better publishing platform for aspiring writers and budding poets.

The publishing industry in India (and around the world, to a great extent) is always something of a mystery even to the writers themselves. We are working on making publishing more accessible to everyone.

So far, we have helped over 3,000 writers turn their dreams into reality by publishing the books and continue to do so. By doing so, we also provide some of the best content by Indian writers to the readers.

Want to read more books? Scan this QR code with your smartphone and check out all our books on Amazon.